PIG TAKES SELFIES

TEXT AND ILLUSTRATIONS BY TERRY WALTZ

Squid For Brains
Albany, NY

Copyright © 2018 by Terry T. Waltz
Published in the USA by Squid For Brains Educational Publishing

ISBN-13: 978-1-946626-37-0

Duplication or storage of this work in any other form, including derivative works, versions for group display, etc., whether in education or not, is prohibited without the express written consent of the author, with the exception of short excerpts which may be quoted for academic reviews.

A Puerco le gusta hacer selfies.

Le gusta hacer selfies en la casa.

Le gusta hacer selfies en el zoológico también.

Hasta le gusta hacer selfies en el baño.

Le gusta hace selfies solo.

Y le gusta hacer selfies con los amigos.
¡Le encanta hacer selfies!

Un día, Puerco piensa, "Quiero hacerme un selfie en frente de la famosa Torre Eiffel."

En Paris, Puerco va a la Torre Eiffel. ¡Es muy bonita! Puerco quiere hacerse un selfie con la torre bonita.

Pero cuando está a punto de hacerse el selfie...

¡LLEGA LA POLICIA!

--¡En la torre Eiffel no se hacen selfies!

Y el pobre Puerco va a la cárcel por ocho días.

Puerco piensa, "Quiero hacerme un selfie con la Esfinge!"
Así que el puerco va a Giza en Egípto.

En Giza, Puerco ve la Esfinge. ¡Es muy fea! Puerco quiere hacer un selfie con la esfinge fea.

Pero cuando está a punto de hacerse un selfie...

...¡LLEGA LA POLICIA!

Y están muy enojados todos!

--En Giza no se hacen selfies con la Esfinge!

Y el pobre Puerco va a la cárcel por siete días.

El puerco piensa:

"Quiero hacer un selfie en el Taj Mahal."
Así que va a Agra, India al Taj Mahal.

En Agra, Puerco ve el Taj Mahal. ¡Es muy bonito! Quiere hacer un selfie, porque el Taj Mahal ¡es muy, muy bonito!

Pero cuando el puerco está a punto de hacerse el selfie en frente del Taj Mahal...

...LLEGA LA POLICIA!

¡Y está muy enojado!

--En el Taj Mahal no se hacen selfies!

Puerco le dice a la policía:

--Pero ¡el Taj Mahal es muy bonito!

El policía le dice:

--¡NO SE HACEN SELFIES!

Puerco no se hace un selfie en el Taj Mahal. Se hace un selfie con los policías. Los policías están muy contentos.

¡Y Puerco no va a la cárcel!

Glossary

a punto de: about to (do something)
Agra: Place in India
amigos: friends
baño: bathroom
bonito/bonita: pretty, handsome
cárcel: jail
casa: house
contentos (están contentos): happy (they are happy)
cuando: when
días: days
dice: s/he says
Egípto: Egypt
en frente de: in front of
encanta: *see* le encanta
enojados (están enojados): angry (they feel angry)
Esfinge: the Sphinx (famous landmark near the Pyramids in Egypt)
está: s/he is at
están: they are, they feel
famosa: famous
Giza: a place in Egypt, where the Pyramids are
gusta: *see* le gusta
hace un selfie: s/he takes a selfie
hacer un selfie: to take a selfie
hacerme un selfie: to take a selfie of myself

hacerse: to take a selfie of him/herself
hasta: even
India: India
le encanta: it enchants him (he really likes it)
le gusta: it pleases him (he likes it)
llega: s/he arrives
no se hacen selfies: selfies are not taken (you just shouldn't do it)
ocho eight
Paris: Paris, the capital of France
pero: but
piensa: s/he thinks
pobre: poor
policia: police, guards
porque: because
puerco: pig
punto: *see* a punto de
quiere: s/he wants
quiero: I want
selfie: a picture of yourself
siete: seven
solo: alone
Taj Mahal: famous landmark in Agra, India
también: also
todos: all
Torre Eiffel: the Eiffel Tower (famous landmark in France)
zoológico: zoo

www.ingramcontent.com/pod-product-compliance
Lightning Source LLC
Chambersburg PA
CBHW051352110526
44591CB00025B/2978